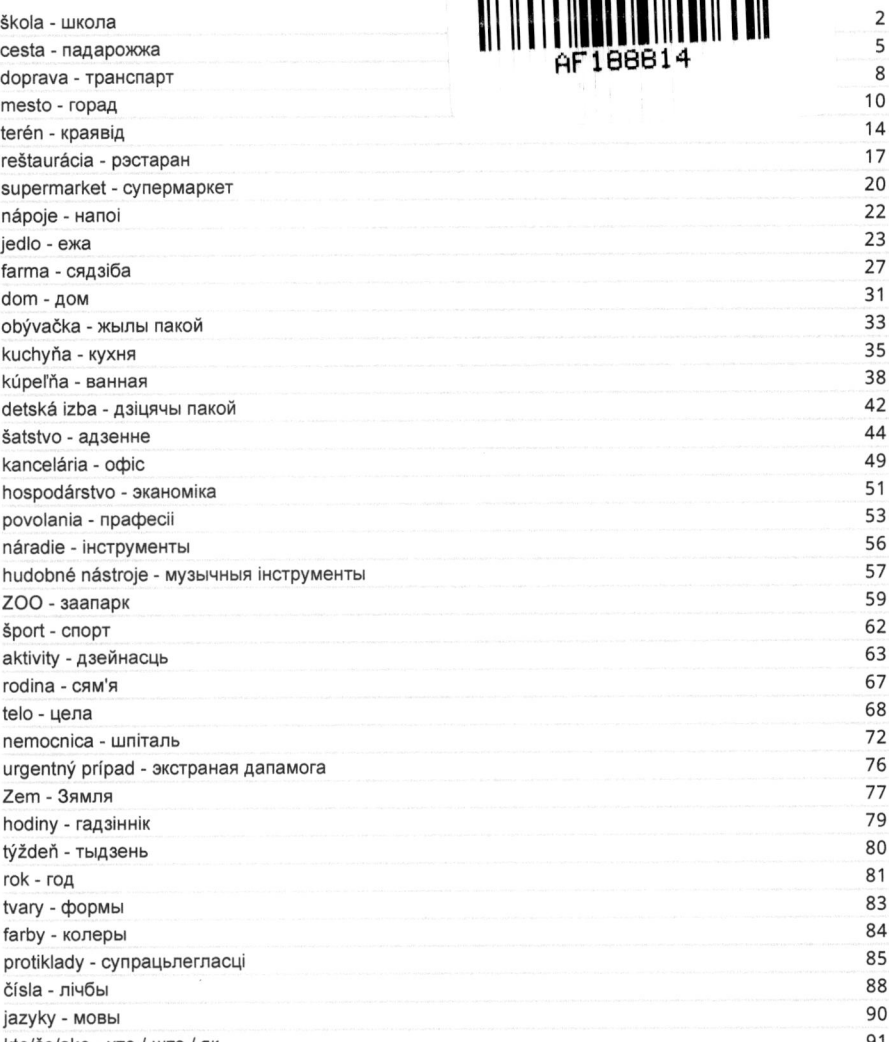

Impressum
Verlag: BABADADA GmbH, Nedderfeld 112 , 22529 Hamburg
Geschäftsführer / Verlagsleitung: Harald Hof
Druck: Books on Demand GmbH, In de Tarpen 42, 22848 Norderstedt

Imprint
Publisher: BABADADA GmbH, Nedderfeld 112 , 22529 Hamburg, Germany
Managing Director / Publishing direction: Harald Hof
Print: Books on Demand GmbH, In de Tarpen 42, 22848 Norderstedt, Germany

škola

школа

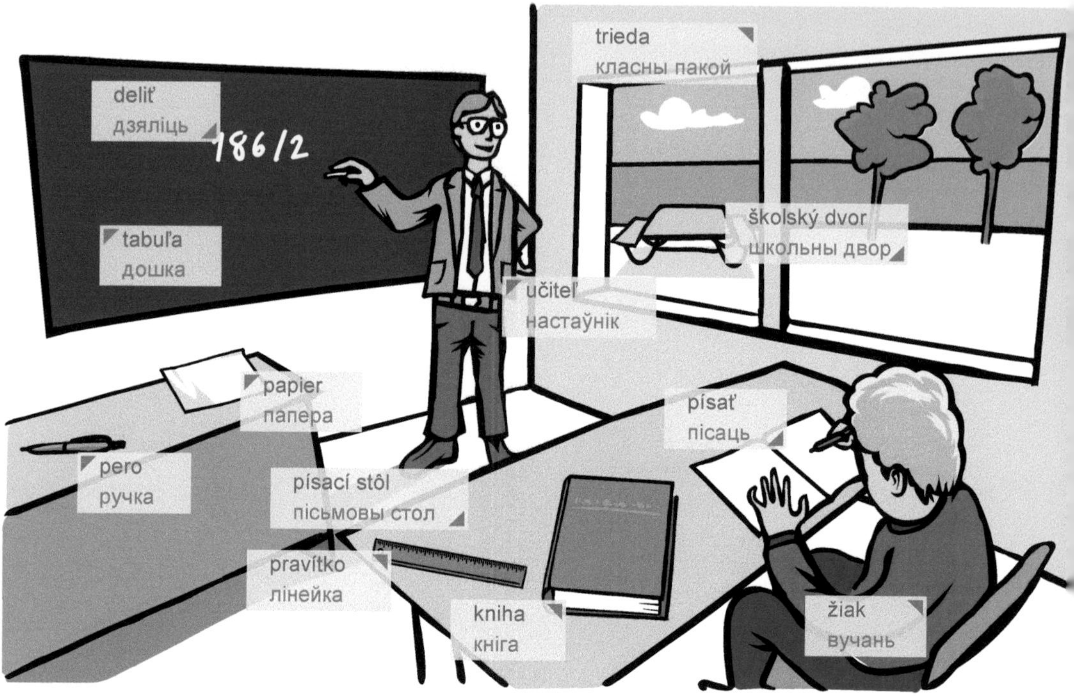

trieda
класны пакой
deliť
дзяліць
186/2
tabuľa
дошка
školský dvor
школьны двор
učiteľ
настаўнік
papier
папера
písať
пісаць
pero
ручка
písací stôl
пісьмовы стол
pravítko
лінейка
kniha
кніга
žiak
вучань

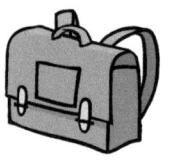

školská taška

ранец

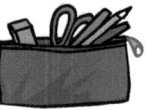

peračník

пенал

ceruza

просты аловак

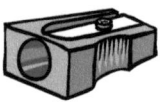

strúhadlo na ceruzky

тачылка для алоўкаў

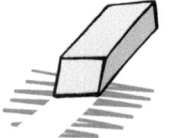

guma

гумка

skicár

альбом для малявання

kresba

малюнак

štetec

пэндзлік

vodové farby

фарбы

nožnice

нажніцы

lepidlo

клей

cvičný zošit

сшытак

domáca úloha

хатняе заданне

číslo

лік

sčítať

дадаваць

odčítať

адымаць

násobiť

множыць

počítať

лічыць

písmeno

літара

abeceda

алфавіт

slovo

слова

text

тэкст

čítať

чытаць

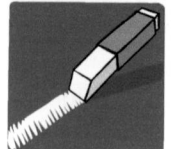

krieda

крэйда

hodina

ўрок

triedna kniha

класны журнал

skúška

экзамен

certifikát

атэстат

školská uniforma

школьная форма

vzdelanie

адукацыя

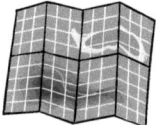

encyklopédia

энцыклапедыя

univerzita

універсітэт

mikroskop

мікраскоп

mapa

карта

kôš na papier

смеццевы кошык

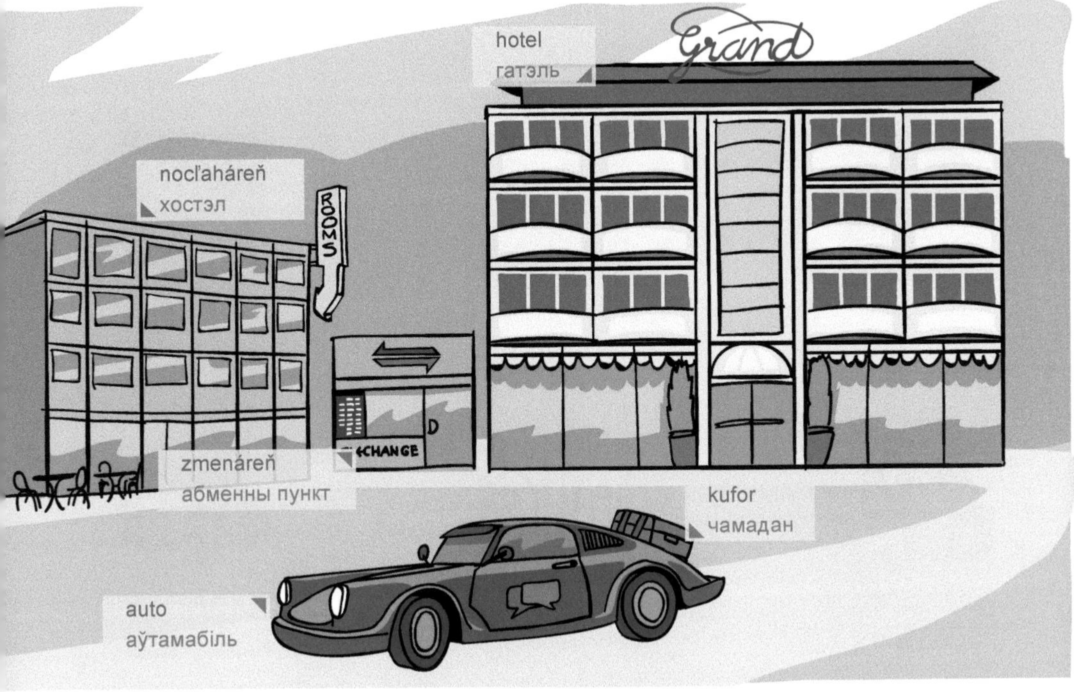

hotel
гатэль
Grand
nocľaháreň
хостэл
ROOMS
zmenáreň
абменны пункт
CHANGE
kufor
чамадан
auto
аўтамабіль

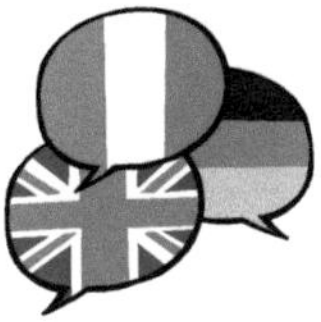

jazyk

мова

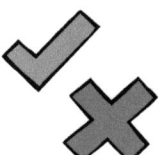

áno/nie

так / не

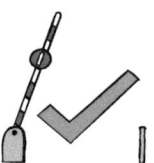

v poriadku

добра

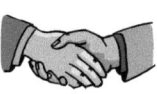

ahoj

прывітанне!

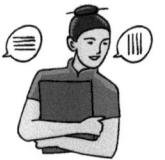

prekladateľ

перакладчык

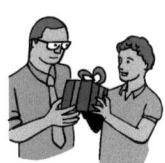

ďakujem

дзякуй

Koľko stojí ... ?

Колькі каштуе....?

Nerozumiem

я не разумею

problém

праблема

Dobrý večer!

Добры вечар!

Dobré ráno!

Добрай раніцы!

Dobrú noc!

Дабранач!

Dovidenia

да пабачэння

smer

кірунак

batožina

багаж

taška

сумка

batoh

заплечнік

hosť

госць

izba

пакой

spacák

спальны мяшок

stan

палатка

informácie pre turistov

нфармацыя для турыстаў

pláž

пляж

kreditná karta

крэдытная картка

raňajky

снеданне

obed

абед

večera

вячэра

cestovný lístok

праязны білет

výťah

ліфт

poštová známka

паштовая марка

hranica

мяжа

clo

мытня

veľvyslanectvo

пасольства

vízum

віза

cestovný pas

пашпарт

cesta - падарожжа

doprava

транспарт

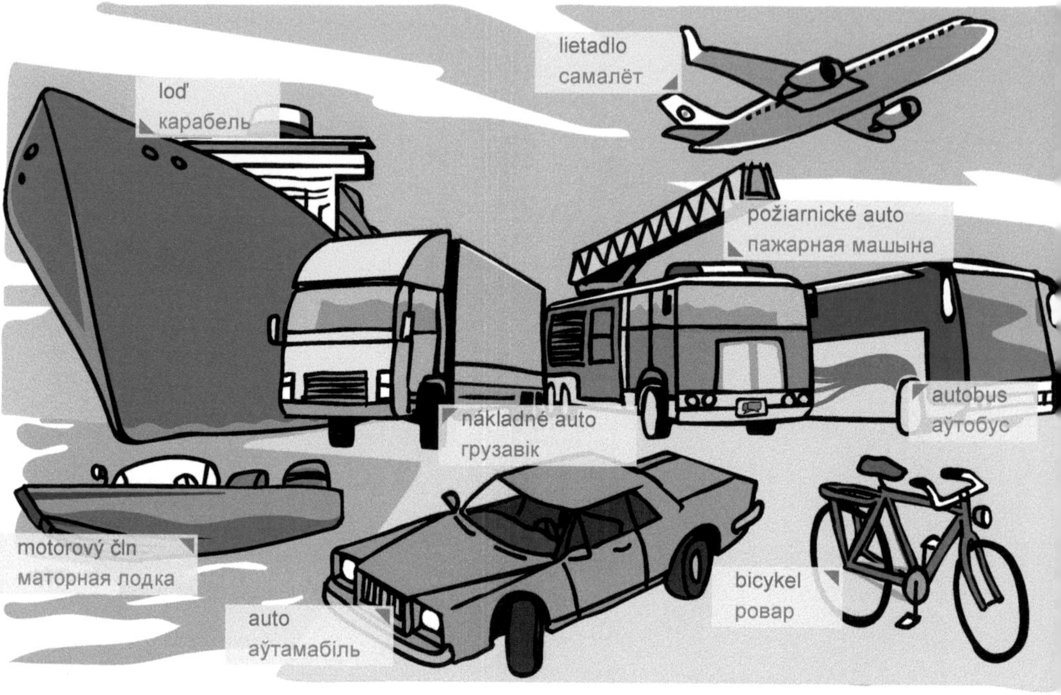

lietadlo
самалёт
loď
карабель
požiarnické auto
пажарная машына
autobus
аўтобус
nákladné auto
грузавік
motorový čln
маторная лодка
bicykel
ровар
auto
аўтамабіль

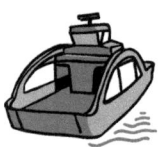

trajekt

паром

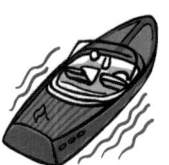

loď

лодка

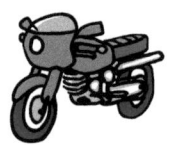

motorka

матацыкл

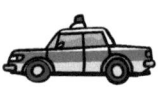

policajné auto

паліцэйская машына

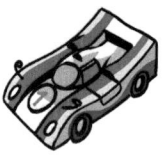

pretekárske auto

гоначны аўтамабіль

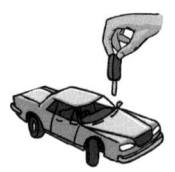

vozidlo z požičovne

арэндаваны аўтамабіль

carsharing

сумеснае карыстанне аўтамабілем

odťahové auto

эвакуатар

smetiarske auto

смеццявоз

motor

матор

benzín

паліва

čerpacia stanica

запраўка

dopravná značka

дарожны знак

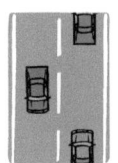

premávka

дарожны рух

zápcha

затор

parkovisko

паркоўка

vlaková stanica

чыгуначная станцыя

trate

рэйкі

vlak

цягнік

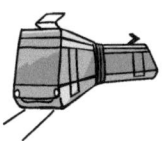

električka

трамвай

vagón

вагон

helikoptéra

верталёт

letisko

аэрапорт

veža

вежа

pasažier

пасажыр

kontajner

кантэйнер

kartón

кардонная скрыня

vozík

тачка

kôš

карзіна

štartovať / pristáť

ўзлятаць / прызямляцца

mesto

горад

dedina

вёска

centrum mesta

цэнтр горада

dom

дом

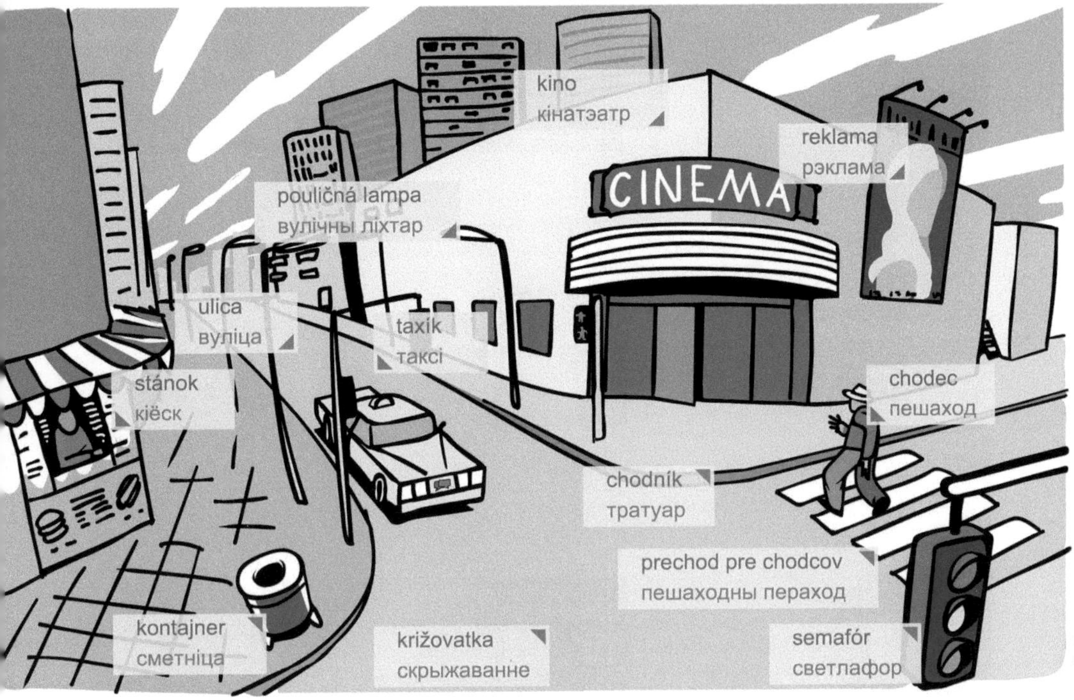
CINEMA
kino
кінатэатр
reklama
рэклама
pouličná lampa
вулічны ліхтар
ulica
вуліца
taxík
таксі
stánok
кіёск
chodec
пешаход
chodník
тратуар
prechod pre chodcov
пешаходны пераход
kontajner
сметніца
križovatka
скрыжаванне
semafór
светлафор

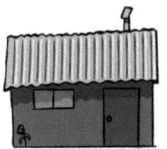

chata

халупа

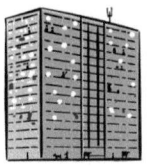

byt

кватэра

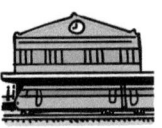

vlaková stanica

чыгуначная станцыя

radnica

ратуша

MUSEUM

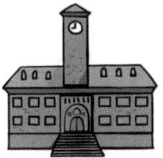

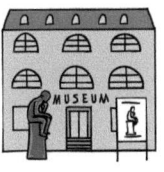

múzeum

музей

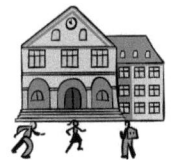

škola

школа

univerzita

універсітэт

banka

банк

nemocnica

шпіталь

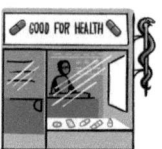

hotel

гатэль

lekáreň

аптэка

kancelária

офіс

kníhkupectvo

кнігарня

obchod

крама

kvetinárstvo

кветкавая крама

supermarket

супермаркет

trh

кірмаш

obchodný dom

універмаг

obchodník s rybami

рыбная крама

nákupné stredisko

гандлевы цэнтр

prístav

порт

park

парк

lavička

лава

most

мост

schody

лесвіца

metro

метро

tunel

тунэль

autobusová zastávka

прыпынак

bar

бар

reštaurácia

рэстаран

poštová schránka

паштовая скрыня

tabuľa s názvom ulice

вулічны паказальнік

parkovacie hodiny

паркамат

ZOO

заапарк

plaváreň

басейн

mešita

мячэць

farma

сядзіба

znečisťovanie životného prostredia

забруджванне навакольнага асяроддзя

cintorín

могілкі

kostol

царква

ihrisko

пляцоўка для гульні

chrám

храм

terén

краявід

list
ліст

smerová tabuľa
паказальнік

cesta
дарога

lúka
луг

kameň
камень

strom
дрэва

turista
падарожнік

rieka
рака

tráva
трава

kvet
кветка

dolina

даліна

kopec

гара

jazero

возера

les

лес

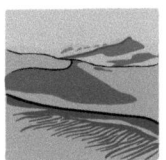

púšť

пустыня

vulkán

вулкан

zámok

замак

dúha

вясёлка

hríb

грыб

palma

пальма

komár

камар

mucha

муха

mravec

мурашка

včela

пчала

pavúk

павук

terén - краявід

chrobák

жук

žaba

жаба

veverička

вавёрка

jež

вожык

zajac

заяц

sova

сава

vták

птушка

labuť

лебедзь

diviak

дзік

jeleň

алень

los

лось

hrádza

плаціна

veterná turbína

вятрак

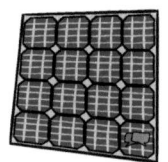

solárny panel

сонечная батарэя

podnebie

клімат

reštaurácia
рэстаран

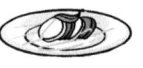

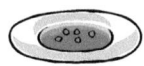

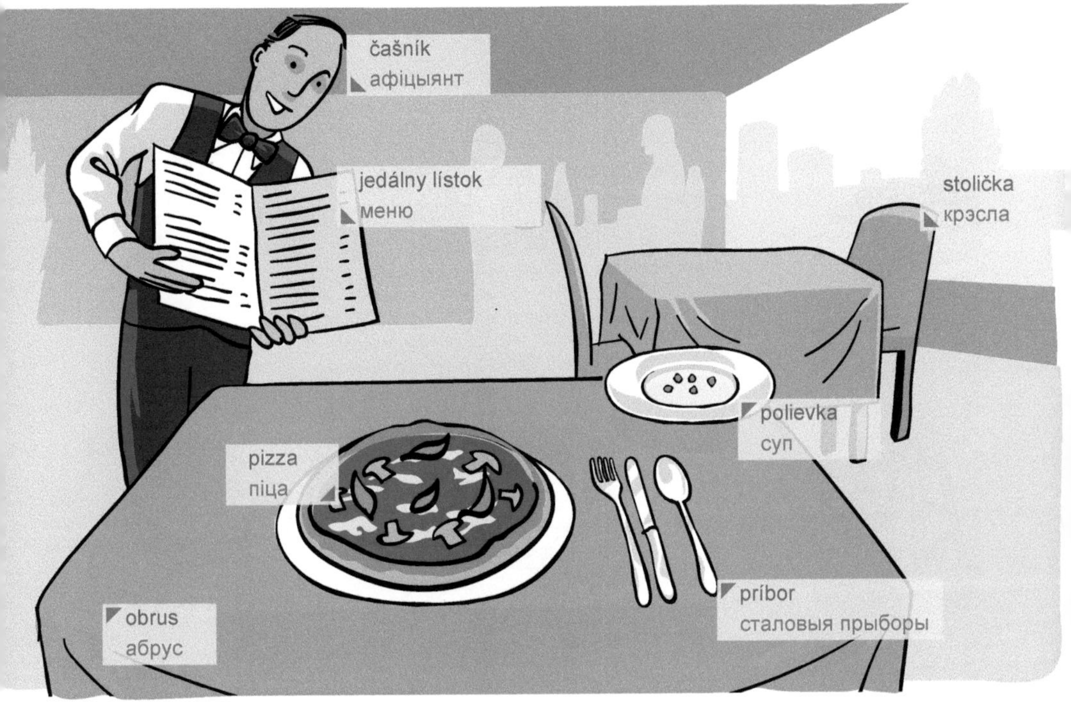
čašník
афіцыянт
jedálny lístok
меню
stolička
крэсла
polievka
суп
pizza
піца
príbor
сталовыя прыборы
obrus
абрус

predjedlo

закуска

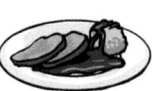

hlavné jedlo

другая страва

zákusok

дэсерт

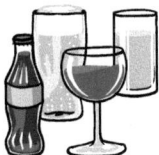

nápoje

напоі

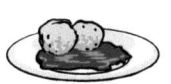

jedlo

ежа

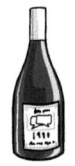

fľaša

бутэлька

fast-food

хуткае харчаванне (фаст-фуд)

street food

стрыт-фуд

kanvica na čaj

імбрык (чайнік)

cukornička

цукарніца

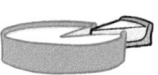

porcia

порцыя

stroj na espresso

эспрэса-машына

detská stolička

дзіцячае крэселка

účet

рахунак

podnos

паднос

nôž

нож

vidlička

відэлец

lyžica

лыжка

čajová lyžička

чайная лыжка

obrúsok

сурвэтка

pohár

шклянка

tanier

талерка

hlboký tanier

супавая талерка

podšálka

сподак

omáčka

соус

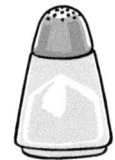

soľnička

сальніца

mlynček na korenie

млынок для перцу

ocot

воцат

olej

алей

korenie

спецыі

kečup

кетчуп

horčica

гарчыца

majonéza

маянэз

supermarket

супермаркет

špeciálna ponuka
акцыя

klient
пакупнік

mliečne výrobky
малочныя прадукты

ovocie
садавіна

nákupný vozík
вазок

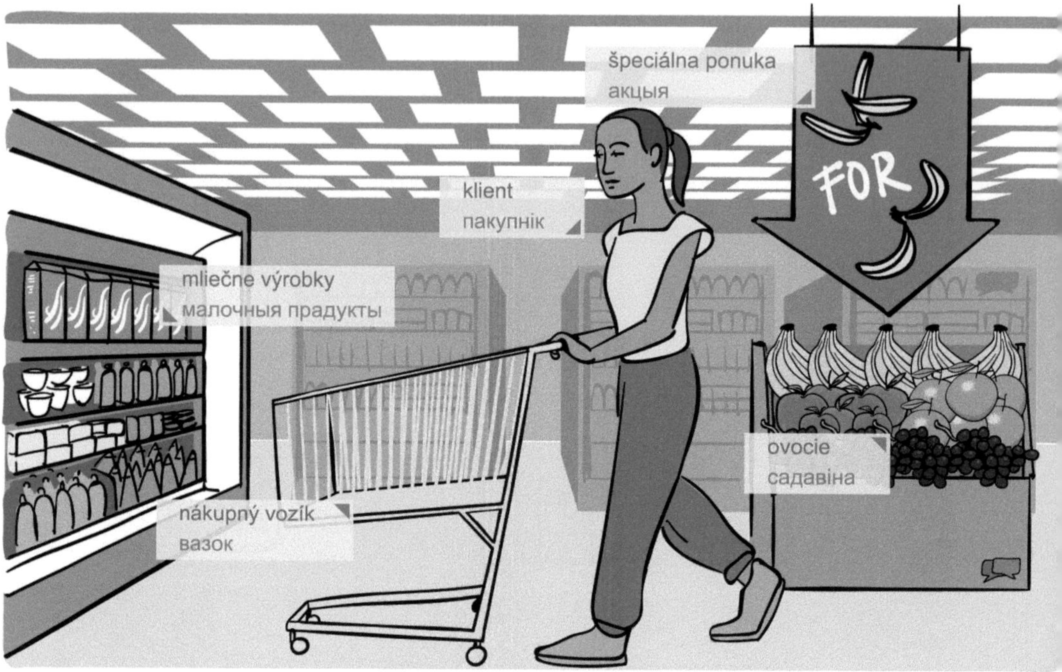

mäsiarstvo

мясная крама

pekáreň

хлебны магазін

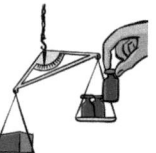

vážiť

важыць

zelenina

гародніна

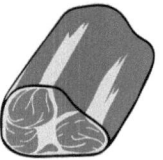

mäso

мяса

mrazené potraviny

свежазамарожаныя
прадукты

20   supermarket - супермаркет

nárez

нарэзка

konzervy

кансервы

prací prostriedok

пральны парашок

sladkosti

прысмакі

domáce potreby

хатнія прылады

čistiace prostriedky

чысцячы сродак

predavačka

прадавец

pokladňa

каса

pokladník

касір

nákupný zoznam

спіс пакупак

otváracie hodiny

гадзіны працы

peňaženka

бумажнік

kreditná karta

крэдытная картка

taška

сумка

plastové vrecko

пакет

voda

вада

džús

сок

mlieko

малако

kola

кола

víno

віно

pivo

піва

alkohol

алкаголь

kakao

какава

čaj

гарбата (чай)

káva

кава

espresso

эспрэса

kapučíno

капучына

banán

банан

jablko

яблык

pomaranč

апельсін

melón

дыня

citrón

лімон

mrkva

морква

cesnak

часнок

bambus

бамбук

cibuľa

цыбуля

hríb

грыб

orechy

арэхі

rezance

локшына

špagety

спагеці

ryža

рыс

šalát

салата

hranolky

бульба фры

pečené zemiaky

смажаная бульба

pizza

піца

hamburger

гамбургер

obložený chlebík

бутэрброд

rezeň

шніцаль

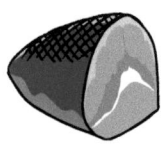

šunka

вяндліна

saláma

салямі

klobása

каўбаса

kurča

курыца

pečené mäso

смажаніна

ryba

рыбак

ovsené vločky

аўсяныя камякі

müsli

мюслі

kukuričné lupienky

кукурузныя шматкі

múka

мука

croissant

круасан

pečivo

булачка

chlieb

хлеб

hrianka

тост

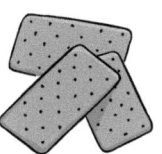

sušienky

пячэнне

maslo

масла

tvaroh

тварог

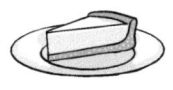

koláč

пірог

vajce

яйка

volské oko

яечня

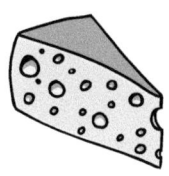

syr

сыр

zmrzlina

марожанае

cukor

цукар

med

мёд

lekvár

варэнне

nugátová nátierka

нуга

karí korenie

кары

farma
сядзіба

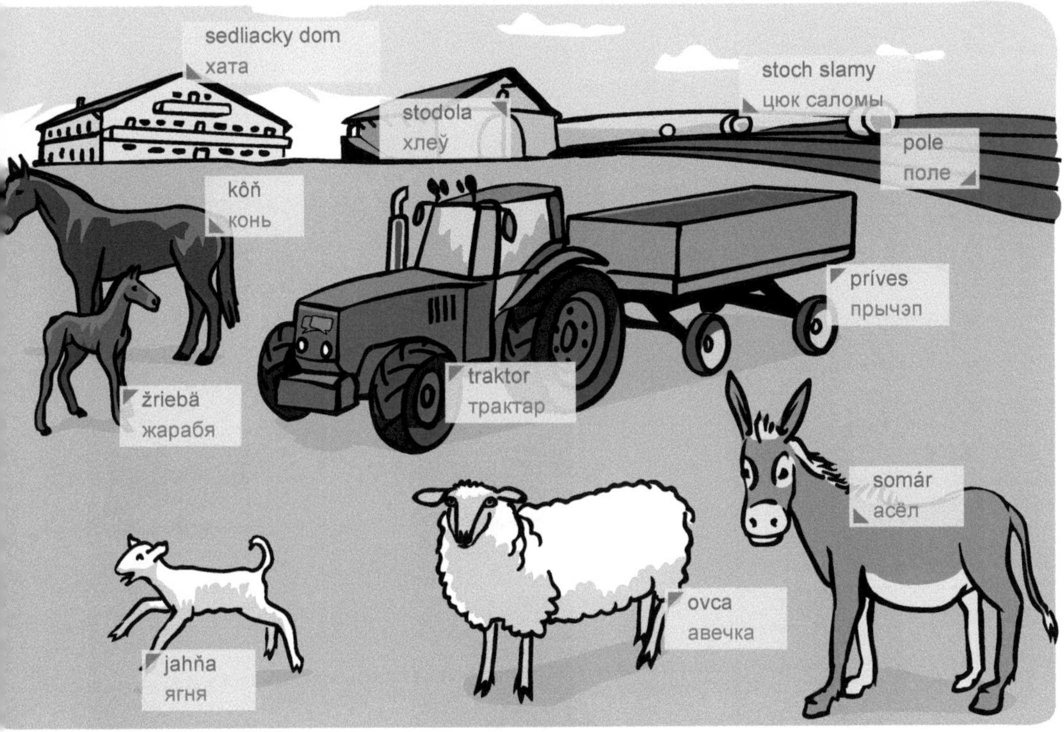
sedliacky dom
хата
stodola
хлеў
stoch slamy
цюк саломы
pole
поле
kôň
конь
príves
прычэп
traktor
трактар
žriebä
жарабя
somár
асёл
ovca
авечка
jahňa
ягня

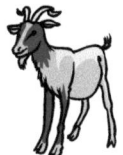

koza
каза

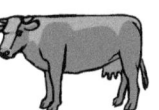

krava
карова

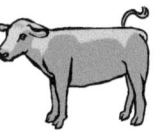

teľa
цяля

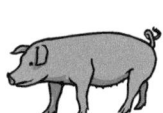

prasa
свіння

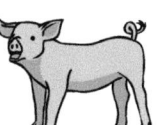

prasiatko
парася

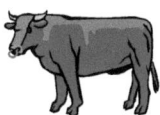

býk
бык

hus

гусак

kačica

качка

kuriatko

кураня

sliepka

курыца

kohút

певень

potkan

пацук

mačka

кот

myš

мыш

vôl

вол

pes

сабака

psia búda

сабачая будка

záhradná hadica

садовы шланг

krhla

палівачка

kosa

каса

pluh

плуг

kosák

серп

motyka

матыка

vidly na hnoj

вілы для гною

sekera

сякера

fúrik

тачка

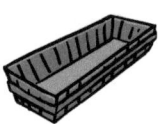

koryto

карыта

kanva na mlieko

бітон для малака

vrece

мех

plot

плот

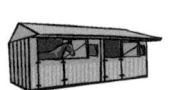

maštaľ

хлеў

skleník

цяпліца

pôda

глеба

osivo

насенне

hnojivo

угнаенне

kombajn

камбайн

žať

збіраць ураджай

žatva

ураджай

batát

ямс

pšenica

пшаніца

sója

соя

zemiak

бульба

kukurica

кукуруза

repka

рапс

ovocný strom

садовае дрэва

maniok

маніёк

obilie

збожжа

komín
комін

strecha
дах

dažďový odkvap
вадасцёк

okno
акно

garáž
гараж

zvonček
званок

dvere
дзверы

odpadkový kôš
вядро для смецця

poštová schránka
паштовая скрыня

záhrada
сад

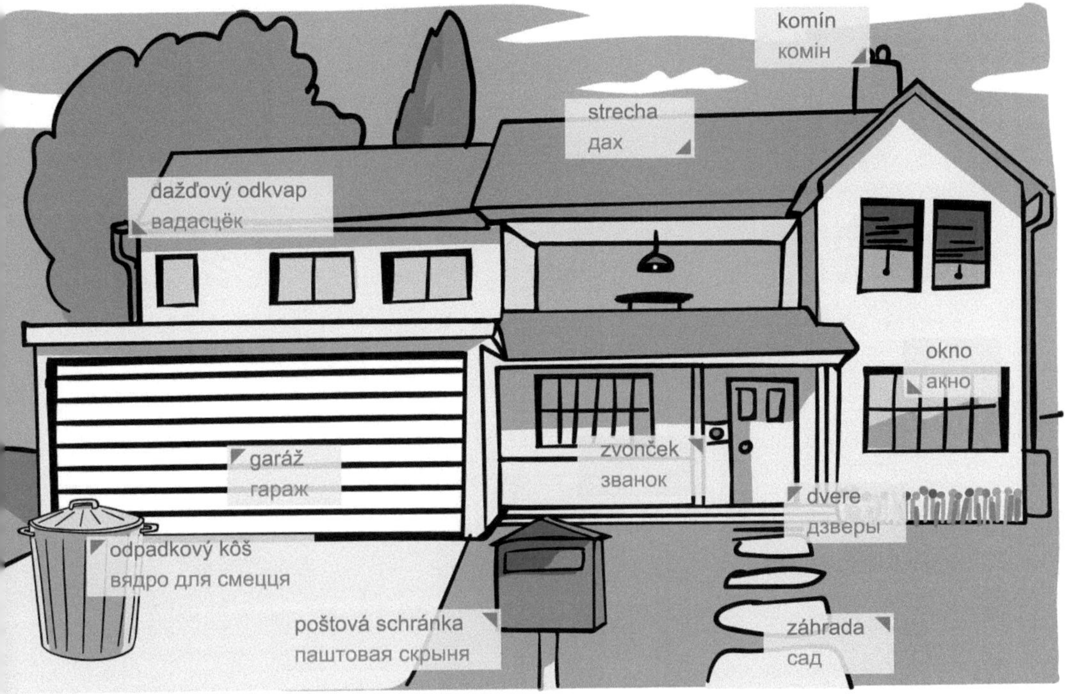

obývačka

жылы пакой

kúpeľňa

ванная

kuchyňa

кухня

spálňa

спальны пакой

detská izba

дзіцячы пакой

jedáleň

сталоўка

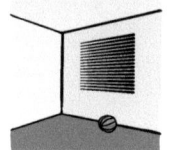

podlaha

падлога

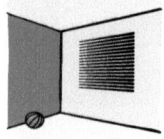

stena

сцяна

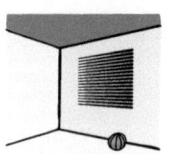

strop

столь

pivnica

падвал

sauna

саўна

balkón

балкон

terasa

тэраса

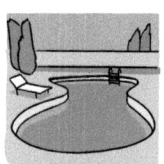

bazén

басейн

kosačka

касілка

obliečka

падкоўдранік

posteľná prikrývka

коўдра

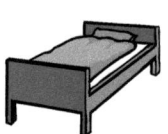

posteľ

ложак

metla

венік

vedro

вядро

vypínač

выключальнік

obývačka
жылы пакой

tapeta
шпалеры
obraz
малюнак
lampa
лямпа
regál
паліца
skriňa
шафа
televízor
тэлевізар
kozub
камін
kvet
кветка
vankúš
падушка
pohovka
канапа
váza
ваза
diaľkové ovládanie
пульт

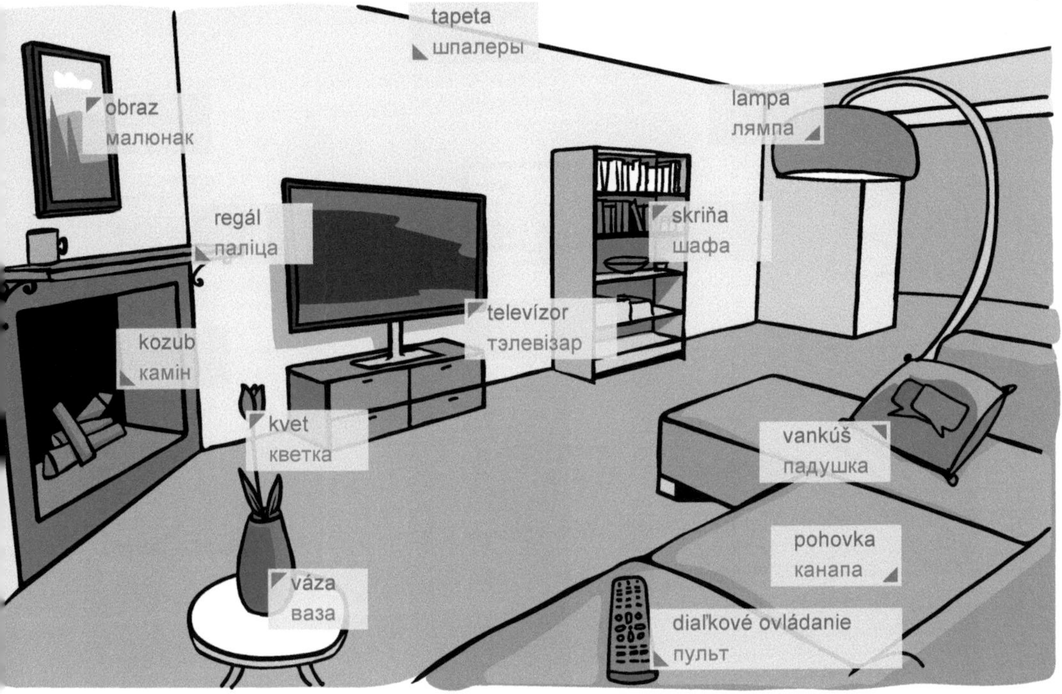

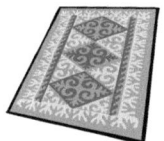

koberec

дыван

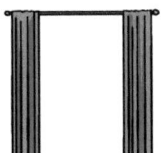

záclona

фіранка

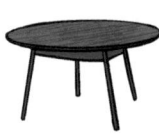

stôl

стол

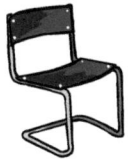

stolička

крэсла

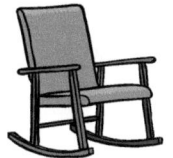

hojdacie kreslo

крэсла-качалка

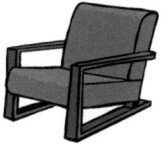

kreslo

крэсла

kniha

кніга

prikrývka

коўдра

dekorácia

дэкарацыя

drevo na kúrenie

дровы

film

кіно

hi-fi veža

стэрэасістэма

kľúč

ключ

noviny

газета

maľba

карціна

plagát

постар

rádio

радыё

zápisník

нататнік

vysávač

пыласос

kaktus

кактус

sviečka

свечка

obývačka - жылы пакой

kuchyňa
кухня

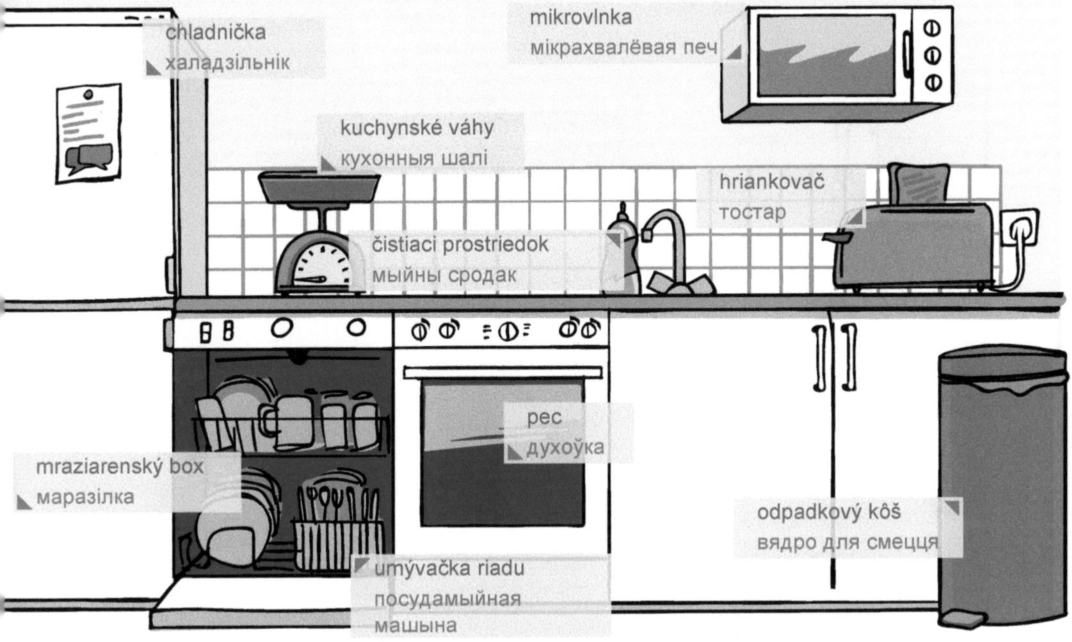

chladnička
халадзільнік
mikrovlnka
мікрахвалёвая печ
kuchynské váhy
кухонныя шалі
hriankovač
тостар
čistiaci prostriedok
мыйны сродак
pec
духоўка
mraziarenský box
маразілка
odpadkový kôš
вядро для смецця
umývačka riadu
посудамыйная
машына

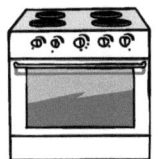

sporák

плiта

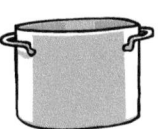

hrniec

рондаль

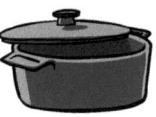

železný hrniec

чыгунок

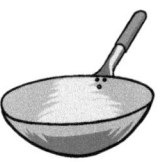

wok / kadai

Вок / кадаі

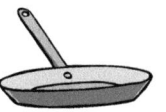

panvica

патэльня

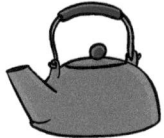

rýchlovarná kanvica

чайнік

parný hrniec

параварка

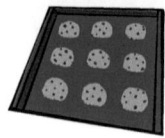

plech na pečenie

бляха

riad

посуд

pohár

кубак

misa

міска

paličky

палачкі для ежы

naberačka na polievku

чарпак

stierka

лапатачка

metlička

збівалка

cedidlo

сіта для варэння

sitko

сіта

strúhadlo

тарка

mažiar

ступка

gril

грыль

ohnisko

вогнішча

doska na krájanie

дошка

valček na cesto

качалка

vývrtka

штопар

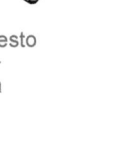

konzerva

бляшанка

otvárač na konzervy

адкрывалка

chňapka

прыхваткі

výlevka

ракавіна

kefa

шчотка

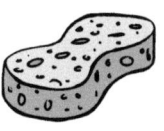

hubka

губка

mixér

міксер

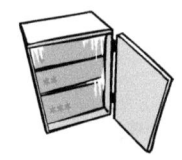

mraznička

маразільная камера

kojenecká fľaša

бутэлечка

vodovodný kohútik

вадаправодны кран

kúpeľňa

ванная

kúrenie
ручніковы сушыцель
uterák
ручнік
sprcha
душ
sprchový záves
штора для душа
pena do kúpeľa
пенная ванна
vaňa
ванна
pohár
шклянка
práčka
мыйная машына
vodovodný kohútik
вадаправодны кран
dlaždice
плітка
nočník
начны гаршчок
výlevka
ракавіна

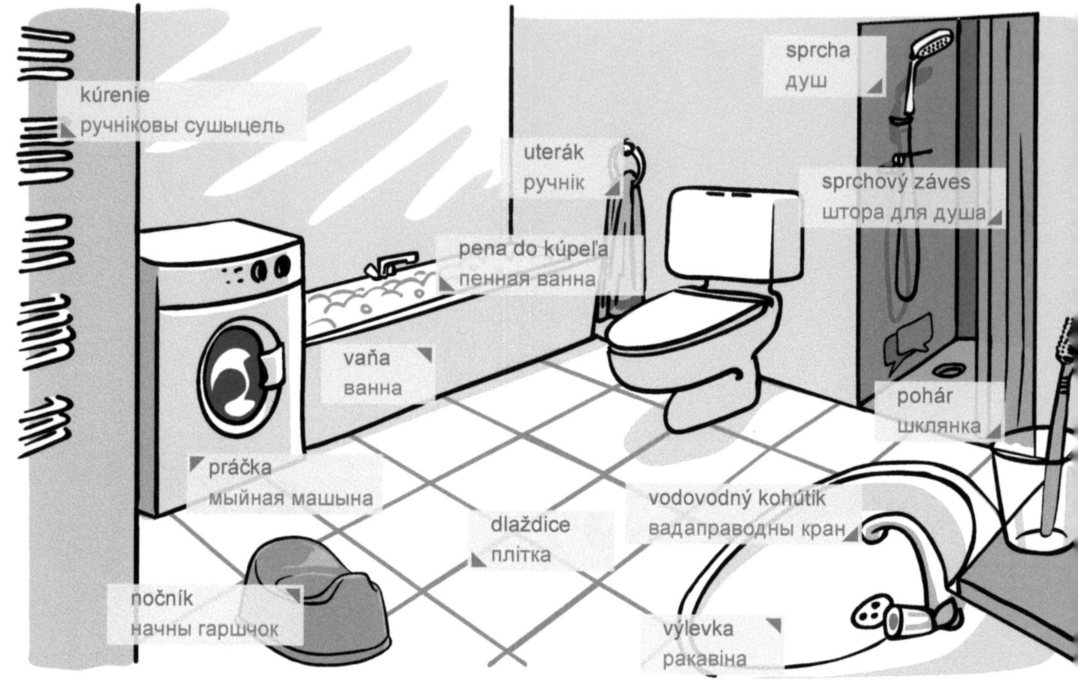

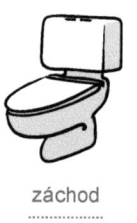

záchod

туалет

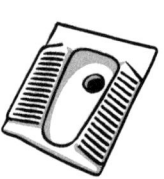

suchý záchod

падлогавы ўнітаз

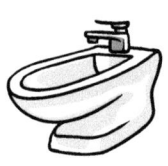

bidet

бідэ

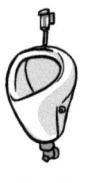

pisoár

пісуар

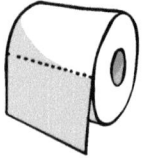

toaletný papier

туалетная папера

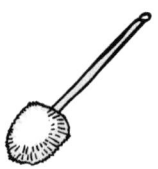

záchodová kefa

шчотка для чысткі ўнітаза

zubná kefka

зубная шчотка

zubná pasta

зубная паста

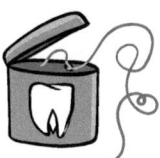

dentálna niť

зубная нітка

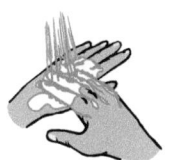

umývať

мыць

ručná sprcha

ручны душ

sprcha pre intímnu hygienu

інтымны душ

umývadlo

умывальнік

kefa na chrbát

шчотка для спіны

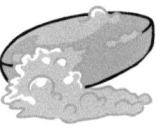

mydlo

мыла

sprchový gél

гель для душа

šampón

шампунь

frotírová rukavica

вяхотка

odtok

вадасцёк

krém

крэм

dezodorant

дэзадарант

zrkadlo

люстэрка

kozmetické zrkadlo

касметычнае люстэрка

žiletka

станок для галення

pena na holenie

пена для галення

voda po holení

ласьён пасля галення

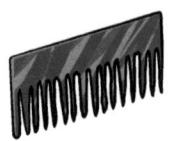

hrebeň

грэбень

kefa

шчотка

sušič vlasov

фен

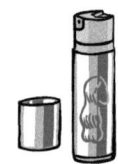

sprej na vlasy

лак для валасоў

make-up

касметыка

rúž

памада

lak na nechty

лак для пазногцяў

vata

вата

nožnice na nechty

манікюрныя нажніцы

parfum

духі

kozmetická taška

касметычка

stolček

табурэтка

váha

вагі

kúpací plášť

лазневы халат

gumové rukavice

санітарныя пальчаткі

tampón

тампон

menštruačná vložka

гігіенічныя пракладкі

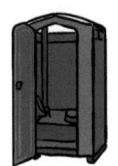

chemické WC

біятуалет

detská izba

дзіцячы пакой

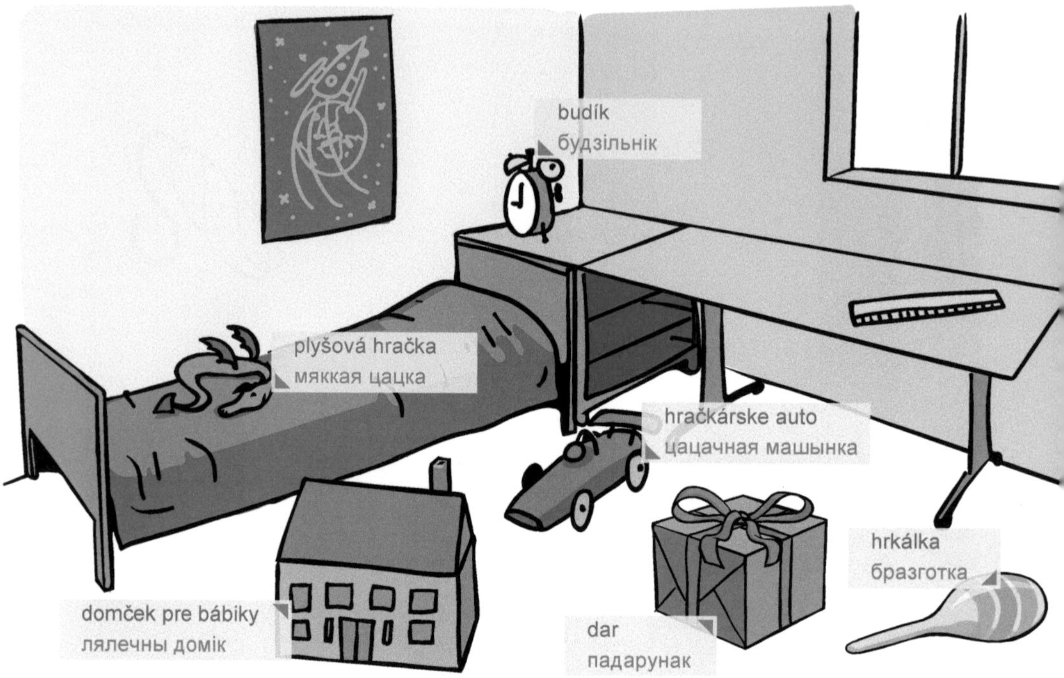

budík
будзільнік
plyšová hračka
мяккая цацка
hračkárske auto
цацачная машынка
hrkálka
бразготка
domček pre bábiky
лялечны домік
dar
падарунак

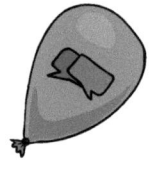

balón

надзіманы шарык

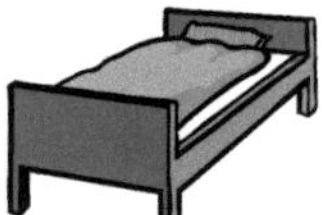

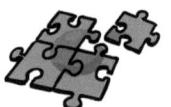

posteľ

ложак

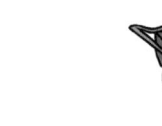

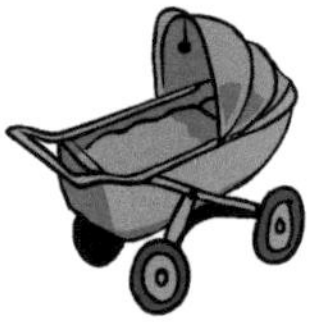

detský kočík

дзіцячая каляска

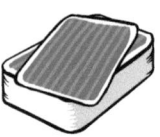

karty

калода картаў

puzzle

пазл

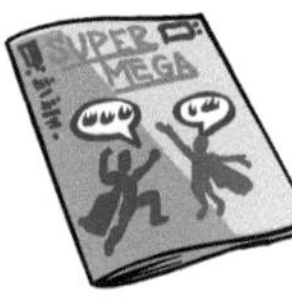

komix

комікс

skladačka lego

канструктар "Лега"

stavebnica

канструктар

akčná postavička

экшэн-фігурка

dupačky

дзіцячы гарнітур

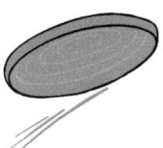

lietajúci tanier

фрызбі

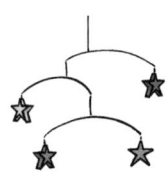

závesné hračky

дзіцячы мабіль

stolová hra

настольная гульня

kocka

кубік

modelový vláčik

дзіцячая чыгунка

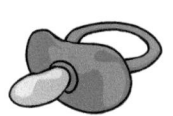

cumlík

пустышка

párty

дзіцячае свята

obrázková kniha

кніга з малюнкамі

lopta

мячык

bábika

лялька

hrať sa

гуляцца

pieskovisko

пясочніца

hojdačka

арэлі

hračky

цацкі

hracia konzola

гульнявая відэа прыстаўка

trojkolka

трохколавы ровар

medvedík

плюшавы мішка

šatník

шафа

šatstvo

адзенне

ponožky

шкарпэткі

pančuchy

панчохі

pančuchové nohavičky

калготкі

šál
шалік

dáždnik
парасон

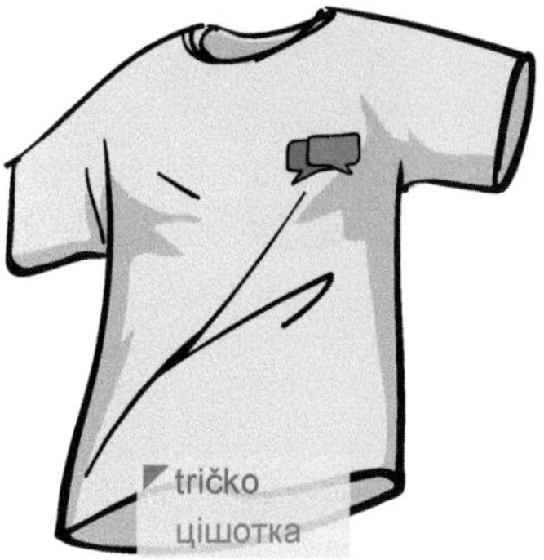

tričko
цішотка

opasok
рамень

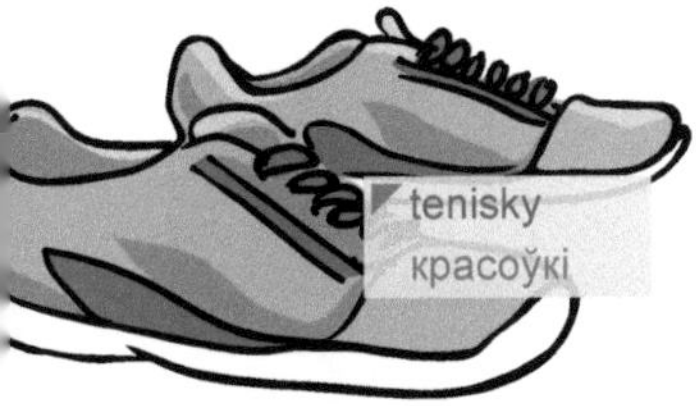

čižmy
боты

papuče
пантоплі

tenisky
красоўкі

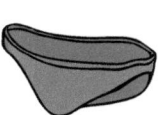

sandále
сандалі

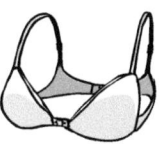

topánky
абутак

gumáky
гумовыя боты

spodky
трусы

podprsenka
бюстгальтар

tielko
майка

body

бодзі

nohavice

штаны

džínsy

джынсы

sukňa

спадніца

blúzka

блузка

košeľa

кашуля

pulóver

джэмпер

sveter

талстоўка

blejzer

блэйзер

bunda

куртка

kabát

паліто

pršiplášť

дажджавік

kostým

касцюм

šaty

сукенка

svadobné šaty

вясельная сукенка

oblek

касцюм

nočná košeľa

начная сарочка

pyžamo

піжама

sari

сары

šatka na hlavu

хустка

turban

цюрбан

burka

паранджа

kaftan

каптан

abaja

Абая

dvojdielne plavky

купальнік

plavky

плаўкі

šortky

шорты

teplákova súprava

спартыўны касцюм

zástera

фартух

rukavice

пальчаткі

gombík

гузік

okuliare

акуляры

náramok

бранзалет

retiazka

каралі

prsteň

кальцо

náušnica

завушніца

čiapka

кепка

vešiak

вешалка

klobúk

капялюш

kravata

гальштук

zips

маланка

prilba

шлем

traky

падцяжкі

školská uniforma

школьная форма

uniforma

уніформа

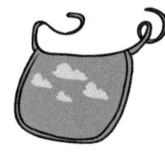

podbradník

нагруднік

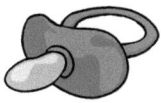

cumlík

пустышка

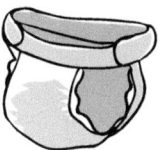

plienka

падгузнік

kancelária

офіс

server
сервер
skriňa na spisy
канцылярская шафа
tlačiareň
прынтэр
papier
папера
monitor
манітор
myš
мыш
písací stôl
пісьмовы стол
zakladač
тэчка
klávesnica
клавіятура
stolička
крэсла
kôš na papier
смеццевы кошык
počítač
кампутар

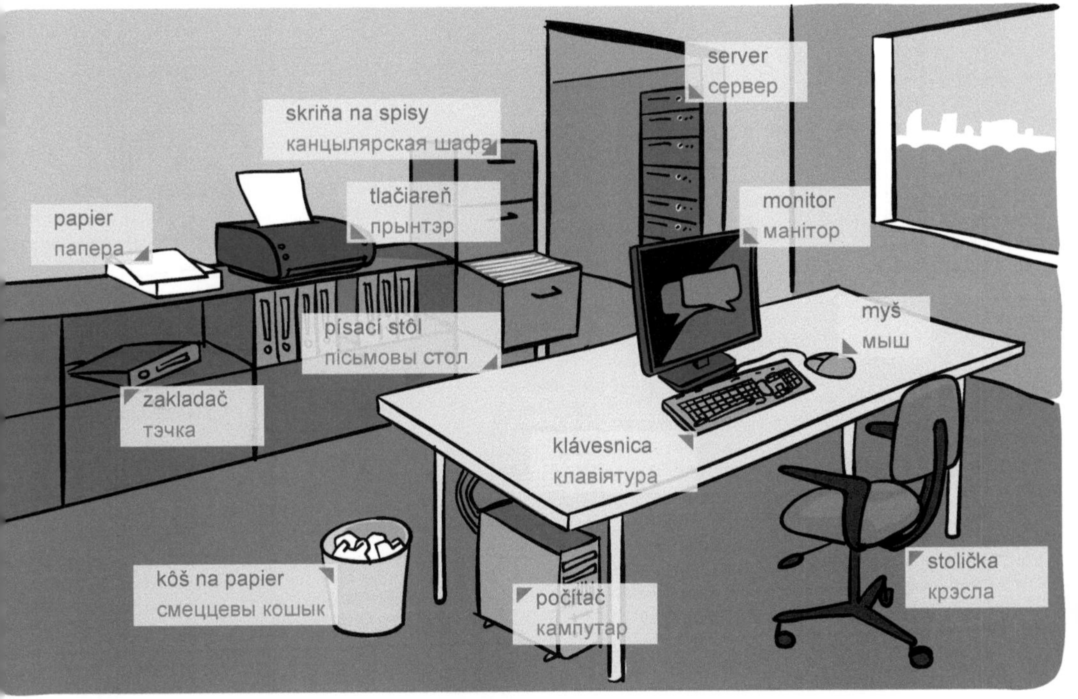

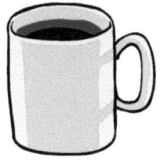

hrnček na kávu

кубак для кавы (філіжанка)

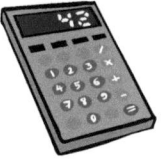

kalkulačka

калькулятар

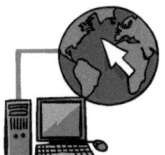

internet

інтэрнэт

laptop

ноўтбук

list

ліст

správa

паведамленне

mobil

мабільны тэлефон

sieť

сетка

kopírka

ксеракс

softvér

праграмнае забеспячэнне

telefón

тэлефон

elektrická zásuvka

разетка

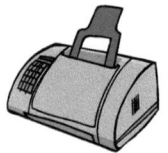

fax

факс

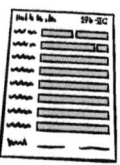

formulár

фармуляр

doklad

дакумент

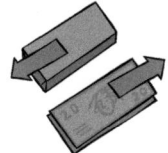

kúpiť

купляць

platiť

плаціць

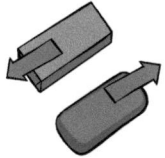

obchodovať

гандляваць

peniaze

грошы

dolár

долар

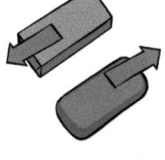

euro

еўра

jen

ена

rubeľ

рубель

švajčiarsky frank

франк

čínsky jüan

кітайскі юань

rupia

рупія

bankomat

банкамат

zmenáreň

абменны пункт

zlato

золата

striebro

срэбра

ropa

нафта

energia

энергія

cena

цана

zmluva

кантракт

daň

падатак

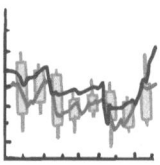

akcia

акцыя

pracovať

працаваць

zamestnanec

служачы

zamestnávateľ

працадаўца

továreň

фабрыка

obchod

крама

policajt
паліцыянт

hasič
пажарны

kuchár
кухар

lekár
доктар

pilót
пілот

záhradník
садоўнік

stolár
слесар

krajčírka
швачка

sudca
суддзя

chemik
хімік

herec
артыст

vodič autobusu

кіроўца аўтобуса

taxikár

таксіст

rybár

рыбак

upratovačka

прыбіральшчыца

pokrývač

страхар

čašník

афіцыянт

poľovník

паляўнічы

maliar

мастак

pekár

пекар

elektrikár

электрык

stavebný robotník

будаўнік

inžinier

інжынер

mäsiar

мяснік

klampiar

сантэхнік

poštár

паштальён

vojak

салдат

architekt

архітэктар

pokladník

касір

kvetinár

фларыст

kaderník

цырульнік

sprievodca

кандуктар

mechanik

механік

kapitán

капітан

zubár

стаматолаг

vedec

вучоны

rabín

рабін

imám

імам

mních

манах

farár

святар

náradie
інструменты

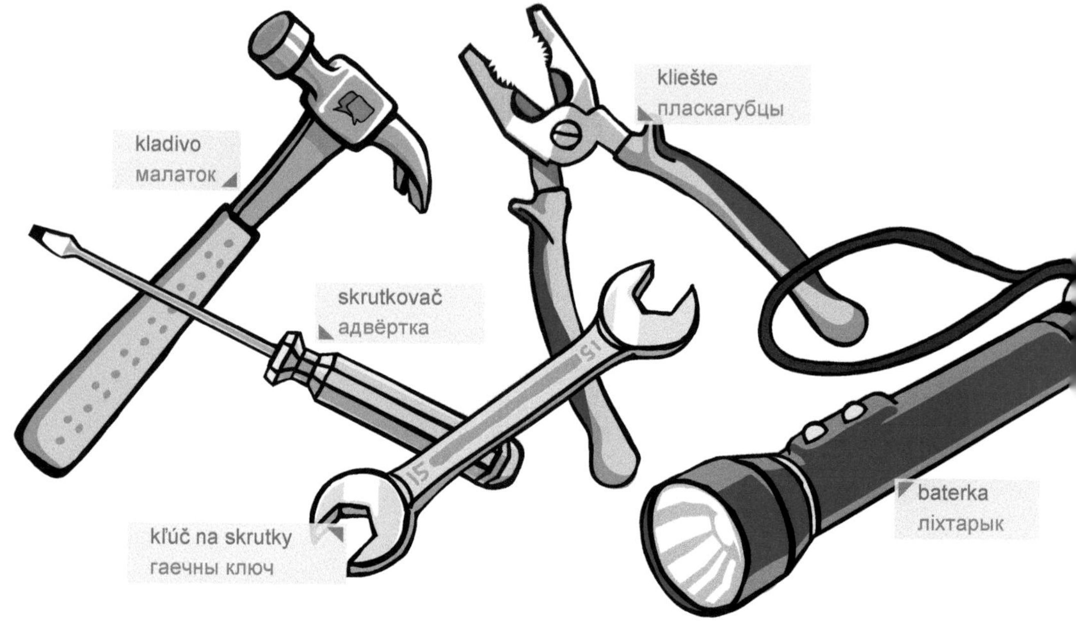
kladivo
малаток
kliešte
пласкагубцы
skrutkovač
адвёртка
kľúč na skrutky
гаечны ключ
baterka
ліхтарык

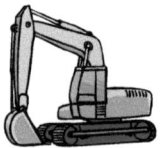

bager

экскаватар

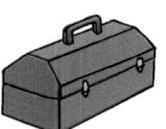

súprava náradia

скрыня для інструментаў

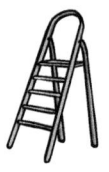

rebrík

дравіны

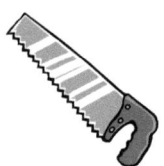

pílka

піла

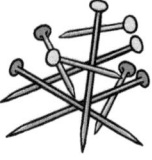

klince

цвікі

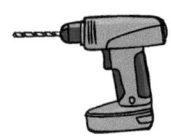

vrták

дрыль

opravíť
рамантаваць

lopata
рыдлеўка

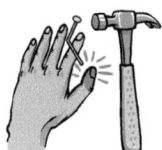

Do čerta!
Халера!

lopatka na smeti
шуфлік для смецця

nádoba s farbou
вядро з фарбаю

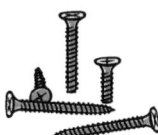

skrutky
балты

hudobné nástroje
музычныя інструменты

bicie
ударны інструмент

reproduktor
калонкі

gitara
гітара

kontrabas
кантрабас

trúbka
труба

klavír

піяніна

husle

скрыпка

basa

басгітара

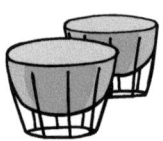

tympany

літаўры

bubon

барабан

klávesnica

клавішны электрамузычны
інструмент

saxofón

саксафон

flauta

флейта

mikrofón

мікрафон

ZOO

заапарк

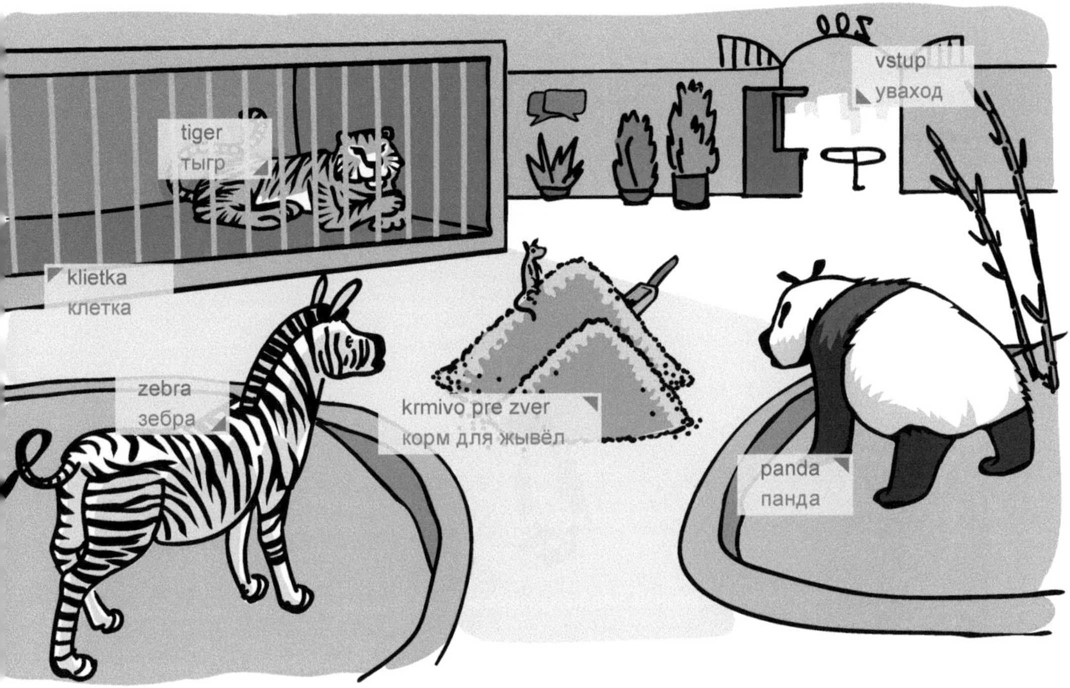
tiger
тыгр
vstup
уваход
klietka
клетка
zebra
зебра
krmivo pre zver
корм для жывёл
panda
панда

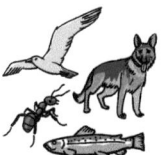

zvieratá

жывёлы

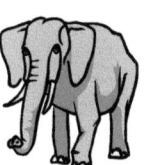

slon

слон

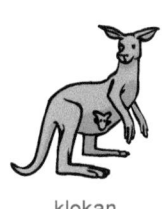

klokan

кенгуру

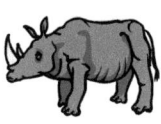

nosorožec

насарог

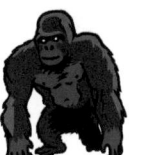

gorila

гарыла

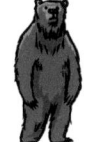

medveď

мядзведзь

ťava

вярблюд

pštros

стравус

lev

леў

opica

малпа

plameniak

фламінга

papagáj

папугай

ľadový medveď

белы мядзведзь

tučniak

пінгвін

žralok

акула

páv

паўлін

had

змяя

krokodíl

кракадзіл

ošetrovateľ v ZOO

наглядчык заапарка

tuleň

цюлень

jaguár

ягуар

poník

поні

leopard

леапард

hroch

бегемот

žirafa

жыраф

orol

арол

diviak

дзік

ryba

рыбак

korytnačka

чарапаха

mrož

морж

líška

ліса

gazela

газель

americký futbal
амерыканскі футбол

cyklistika
веласпорт

tenis
тэніс

basketbal
баскетбол

plávanie
плаванне

box
бокс

hokej
хакей з шайбай

futbal
футбол

bedminton
бадмінтон

ľahká atletika
лёгкая атлетыка

hádzaná
гандбол

lyžovanie
горныя лыжы

pólo
пола

skočiť
скакаць

smiať sa
смяяцца

objať
абдымаць

chodiť
ісці

spievať
спяваць

snívať
марыць

modliť sa
маліцца

pobozkať
цалаваць

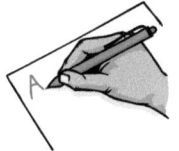

písať
пісаць

kresliť
маляваць

ukázať
паказваць

tlačiť
націснуць

dať
даваць

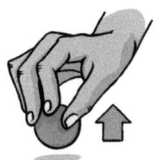

brať
браць

mať
маць

robiť
выконваць

byť
быць

stáť
стаяць

bežať
бегчы

ťahať
цягнуць

hádzať
кідаць

padnúť
падаць

ležať
ляжаць

čakať
чакаць

nosiť
насіць

sedieť
сядзець

obliecť sa
апранацца

spať
спаць

zobudiť sa
прачынацца

pozerať

глядзець

plakať

плакаць

hladkať

лашчыць

česať

прычэсвацца

hovoriť

гаварыць

rozumieť

разумець

pýtať sa

пытаць

počuť

чуць

piť

піць

jesť

есці

upratať

прыбіраць

milovať

кахаць

variť

гатаваць

jazdiť

ехаць

letieť

лятаць

plachtiť

плаваць пад ветразем

počítať

лічыць

čítať

чытаць

učiť sa

вучыць

pracovať

працаваць

oženiť

уступаць у шлюб

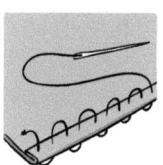

šiť

шыць

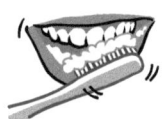

čistiť zuby

чысціць зубы

zabiť

забіваць

fajčiť

курыць

poslať

пасылаць

rodina

сям'я

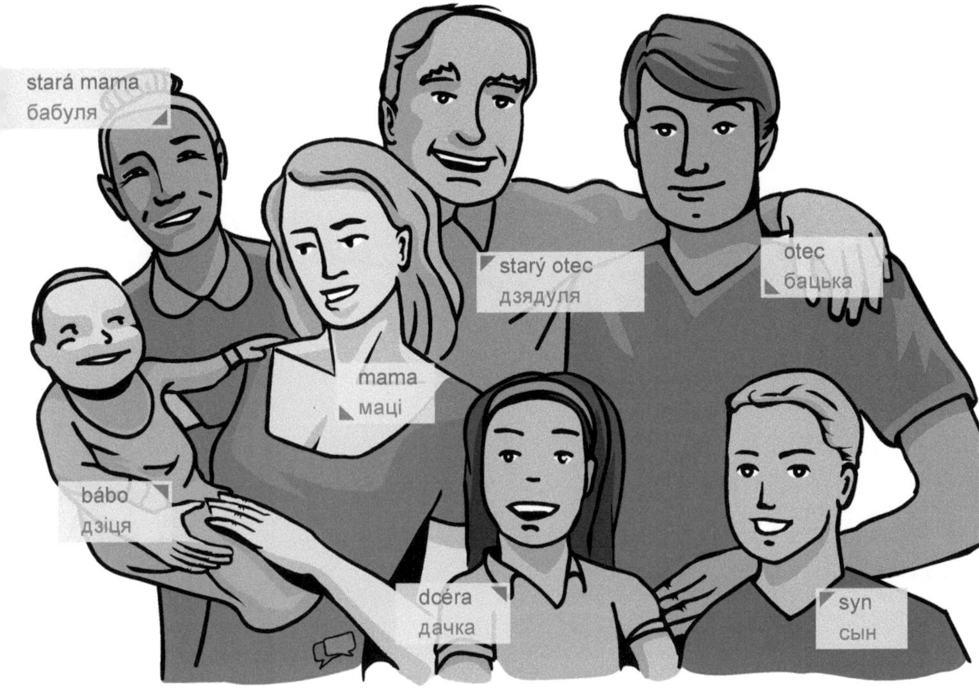

stará mama
бабуля
starý otec
дзядуля
otec
бацька
mama
маці
bábo
дзіця
dcéra
дачка
syn
сын

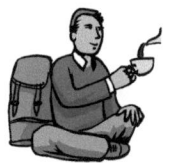

hosť

госць

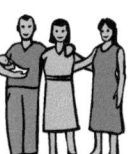

teta

цётка

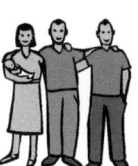

strýko

дзядзька

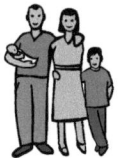

brat

брат

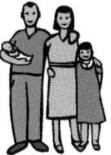

sestra

сястра

telo

цела

čelo
лоб
oko
вока
plece
плячо
prst
палец
tvár
твар
brada
падбародак
ruka
рука
hruď
грудзі
noha
нага
rameno
рука

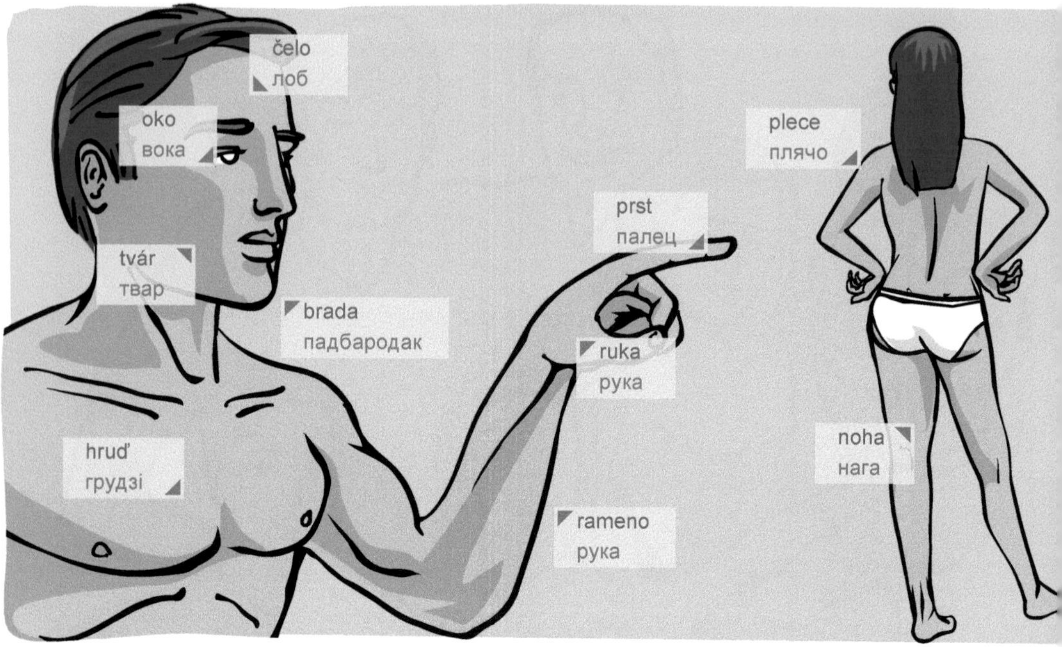

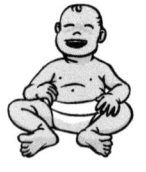

bábo

дзіця

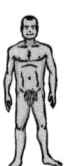

muž

мужчына

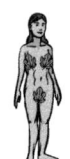

žena

жанчына

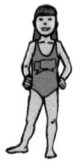

dievča

дзяўчынка

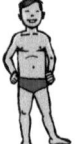

chlapec

хлопчык

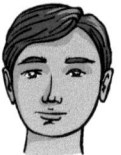

hlava

галава

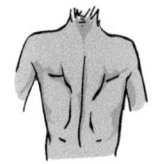

chrbát
....
спіна

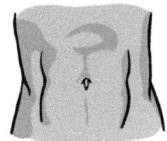

brucho
....
жывот

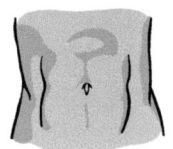

pupok
....
пуп

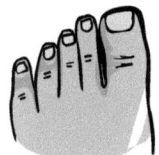

prst na nohe
....
палец нагі

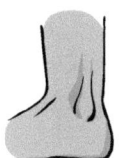

päta
....
пятка

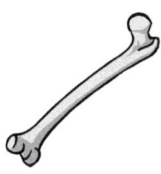

kosť
....
костка

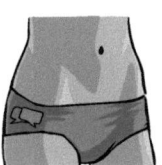

bok
....
бядро

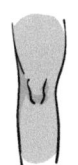

koleno
....
калена

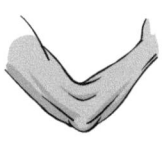

lakeť
....
локаць

nos
....
нос

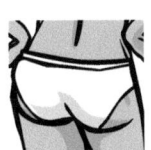

zadok
....
ягадзіца

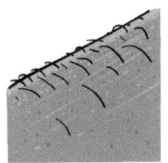

koža
....
скура

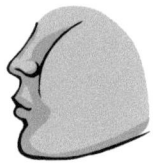

líce
....
шчака

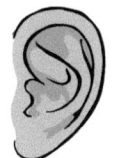

ucho
....
вуха

pery
....
губа

ústa

рот

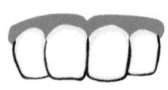

zub

зуб

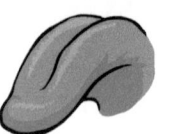

jazyk

язык

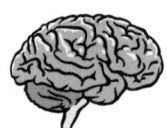

mozog

галаўны мозг

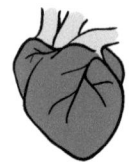

srdce

сэрца

svaly

мышца

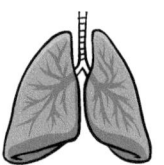

pľúca

лёгкае

pečeň

пячонка

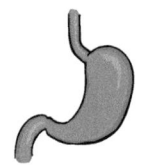

žalúdok

страўнік

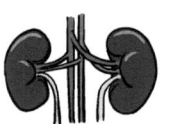

obličky

ныркі

pohlavný styk

сэкс

kondóm

прэзерватыў

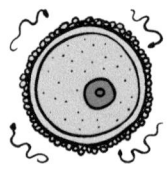

vaječná bunka

яйцаклетка

semeno

сперма

tehotenstvo

цяжарнасць

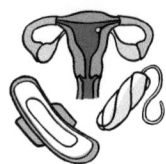

menštruácia

менструацыя

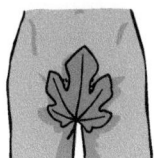

vagína

похва

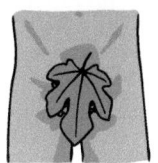

penis

пеніс

obočie

брыво

vlasy

валасы

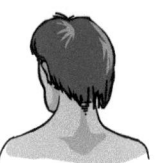

krk

шыя

nemocnica

шпіталь

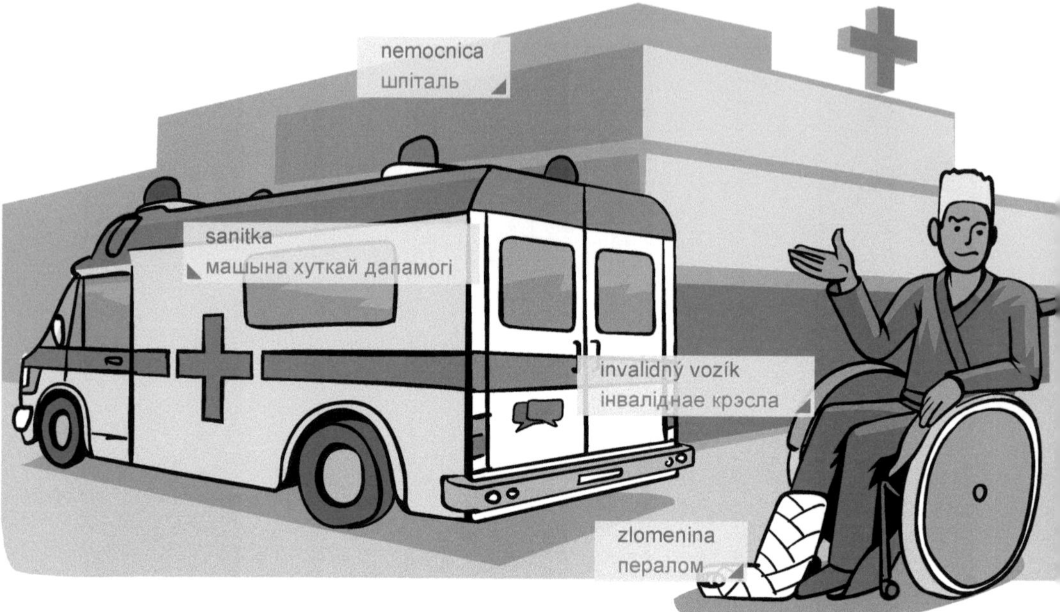

nemocnica
шпіталь
sanitka
машына хуткай дапамогі
invalidný vozík
інваліднае крэсла
zlomenina
пералом

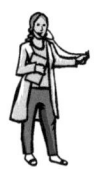

lekár

доктар

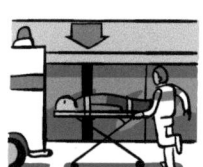

urgentný príjem

аддзяленне першай дапамогі

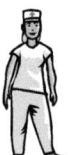

sestrička

медсястра

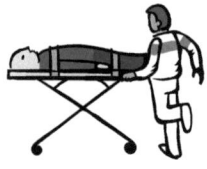

urgentný prípad

экстраная дапамога

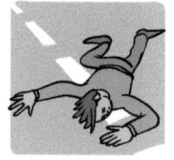

v bezvedomí

непрытомны

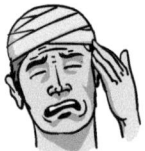

bolesť

боль

zranenie

траўма

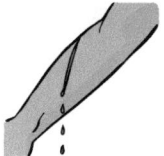

krvácanie

крывацёк

srdcový infarkt

інфаркт

mozgová porážka

апаплексія

alergia

алергія

kašeľ

кашаль

teplota

гарачка

chrípka

грып

hnačka

панос

bolesť hlavy

галаўны боль

rakovina

рак

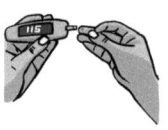

cukrovka

дыябет

chirurg

хірург

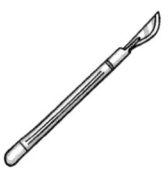

skalpel

скальпель

operácia

аперацыя

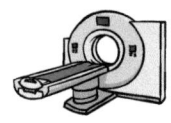

CT
KT

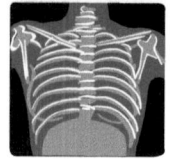

RTG
рэнтген

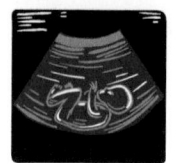

ultrazvuk
ультрагук

maska
маска

choroba
хвароба

čakáreň
пачакальня

barla
мыліца

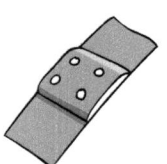

náplasť
пластыр

obväz
бінт

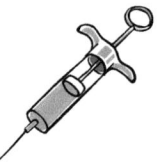

injekcia
ін'екцыя

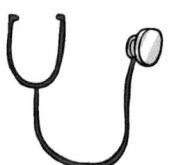

fonendoskop
стэтаскоп

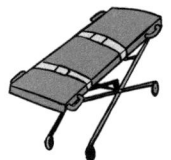

nosidlá
насілкі

teplomer
градуснік

pôrod
нараджэнне

nadváha
лішняя вага

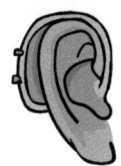

audiofón

слухавы апарат

dezinfekčný prostriedok

дэзінфекцыйны сродак

infekcia

інфекцыя

vírus

вірус

HIV / AIDS

ВІЧ/СНІД

medicína

лекі

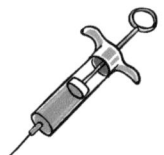

očkovanie

прышчэпка

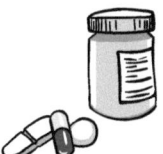

tabletky

таблеткі

antikoncepčná pilulka

супрацьзачаткавая таблетка

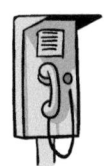

tiesňové volanie

экстраны выклік

tlakomer

танометр

chorý / zdravý

хворы / здаровы

Pomoc!

Ратуйце!

alarm

сігналізацыя

prepad

напад

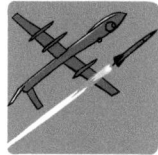

útok

атака

nebezpečenstvo

небяспека

núdzový východ

аварыйны выхад

Horí!

Пажар!

hasičský prístroj

вогнетушыцель

nehoda

аварыя

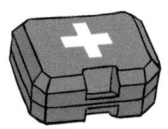

kufrík prvej pomoci

аптэчка

SOS

СОС

polícia

паліцыя

Európa
....
Еўропа

Severná Amerika
....
Паўночная Амерыка

Južná Amerika
....
Паўднёвая Амерыка

Afrika
....
Афрыка

Ázia
....
Азія

Austrália
....
Аўстралія

Atlantický oceán
....
Атлантычны акіян

Tichý oceán
....
Ціхі акіян

Indický oceán
....
Індыйскі акіян

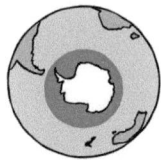

Južný oceán
....
Паўднёвы ледавіты акіян

Severný ľadový oceán
....
Паўночны ледавіты акіян

Severný pól
....
Паўночны полюс

Južný pól
....
Паўднёвы полюс

Antarktída
....
Антарктыда

Zem
....
Зямля

krajina
....
краіна

more
....
мора

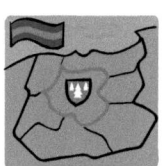

ostrov
....
востраў

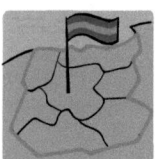

národ
....
нацыя

štát
....
дзяржава

ciferník

цыферблат

hodinová ručička

гадзінная стрэлка

minútová ručička

хвілінная стрэлка

sekundová ručička

секундная стрэлка

Koľko je hodín?

Колькі часу?

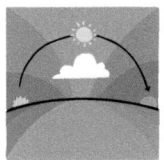

deň

дзень

čas

час

teraz

зараз

digitálne hodiny

электронны гадзіннік

minúta

хвіліна

hodina

гадзіна

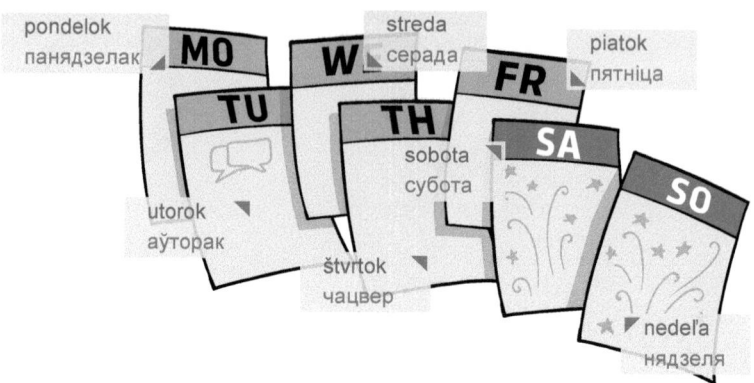

pondelok
панядзелак **MO**

TU

utorok
аўторак

W streda
серада

TH sobota
субота

štvrtok
чацвер

FR piatok
пятніца

SA

SO

nedeľa
нядзеля

včera

ўчора

dnes

сёння

zajtra

заўтра

ráno

раніца

poludnie

абед

večer

вечар

MO	TU	WE	TH	FR	SA	SU
1	2	3	4	5	6	7
8	9	10	11	12	13	14
15	16	17	18	19	20	21
22	23	24	25	26	27	28
29	30	31	1	2	3	4

pracovné dni

працоўныя дні

MO	TU	WE	TH	FR	SA	SU
1	2	3	4	5	6	7
8	9	10	11	12	13	14
15	16	17	18	19	20	21
22	23	24	25	26	27	28
29	30	31	1	2	3	4

víkend

выхадныя

rok

год

dážď
дождж
dúha
вясёлка
vietor
вецер
sneh
снег
jar
вясна
jeseň
восень
leto
лета
zima
зіма

4.APRIL 11°
5.APRIL 4°
6.APRIL 13°
7.APRIL 8°
8.APRIL 10°

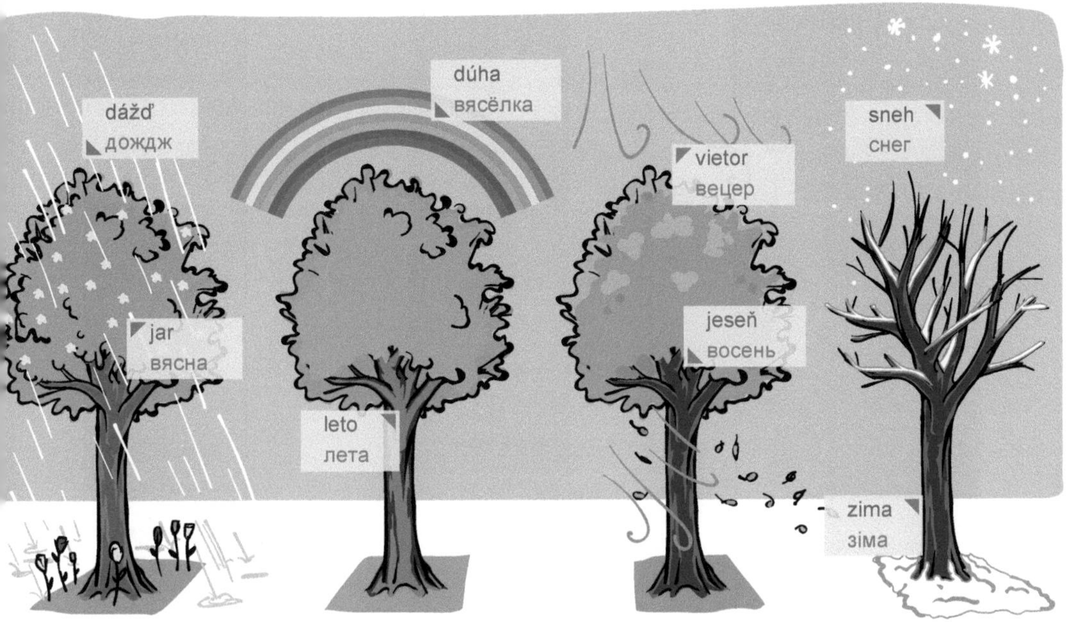

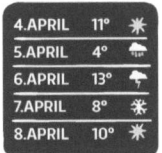

predpoveď počasia

прагноз надвор'я

F C
120 40
90 30
60 20
30 10
0 0
-30 -10
-20

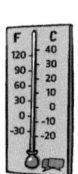

teplomer

градуснік

slnečný svit

сонечнае святло

oblak

воблака

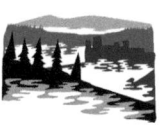

hmla

туман

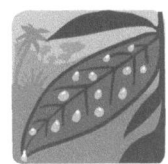

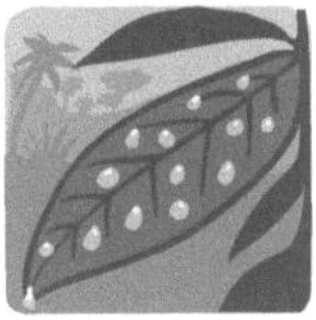

vlhkosť vzduchu

вільготнасць паветра

blesk

маланка

hrom

гром

búrka

бура

krúpy

град

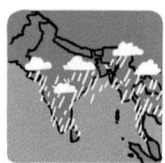

monzún

мусонны вецер

záplava

прыліў

ľad

лёд

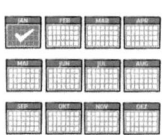

január

студзень

február

люты

marec

сакавік

apríl

красавік

máj

май

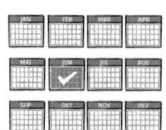

jún

чэрвень

júl

ліпень

august

жнівень

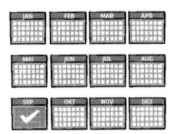

september
....
верасень

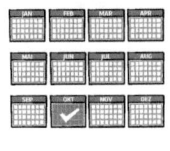

október
....
кастрычнік

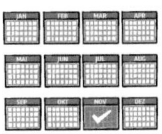

november
....
лістапад

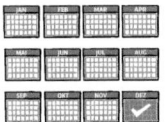

december
....
снежань

tvary
формы

kruh
....
круг

štvorec
....
квадрат

obdĺžnik
....
прамавугольнік

trojuholník
....
трохвугольнік

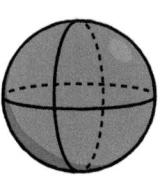

guľa
....
шар

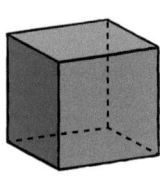

kocka
....
куб

biela

белы

žltá

жоўты

oranžová

аранжавы

ružová

ружовы

červená

чырвоны

fialová

фіялетавы

modrá

сіні

zelená

зялёны

hnedá

карычневы

šedá

шэры

čierna

чорны

veľa / málo

шмат / мала

zúrivý / pokojný

злы / добры

pekný / škaredý

прыгожы / брыдкі

začiatok / koniec

пачатак / канец

veľký / malý

высокі / малы

svetlý / tmavý

светлы / цёмны

brat / sestra

сястра / брат

čistý / špinavý

чысты / брудны

úplný / neúplný

поўны / няпоўны

deň / noc

дзень / ноч

mŕtvy / živý

мёртвы / жывы

široký / úzky

шырокі / вузкі

chutný / nechutný

ядомы / неядомы

zlostný / láskavý

злы / добры

vzrušený / unudený

узбуджаны / нудны

tlstý / chudý

тоўсты / тонкі

prvý / posledný

першы / апошні

priateľ / nepriateľ

сябар / вораг

plný / prázdny

поўны / пусты

tvrdý / mäkký

цвёрды / мяккі

ťažký / ľahký

важкі / лёгкі

hlad / smäd

голад / смага

chorý / zdravý

хворы / здаровы

nelegálny / legálny

нелегальны / легальны

inteligentný / hlúpy

разумны / дурны

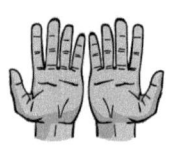

vľavo / vpravo

левы / правы

blízko / ďaleko

побач / далёка

nový / použitý

новы / былы ва ўжыванні

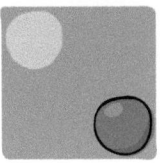

nič / niečo

нічога / нешта

starý / mladý

стары / малады

zapnuté / vypnuté

укл / выкл

otvorené / zatvorené

адчынены / зачынены

tichý / hlasný

ціхі / гучны

bohatý / chudobný

багаты / бедны

správne / nesprávne

правільна / няправільна

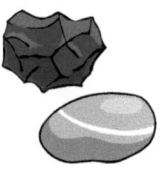

drsný / hladký

шурпаты / гладкі

smutný / šťastný

сумны / шчаслівы

krátky / dlhý

кароткі / доўгі

pomaly / rýchlo

павольны / хуткі

mokrý / suchý

вільготны / сухі

teplý / studený

цёплы / халаднаваты

vojna / mier

вайна / мір

protiklady - супрацьлегласці

0

nula

нуль

1

jeden

адзін

2

dva

два

3

tri

тры

4

štyri

чатыры

5

päť

пяць

6

šesť

шэсць

7

sedem

сем

8

osem

восем

9

deväť

дзевяць

10

desať

дзесяць

11

jedenásť

адзінаццаць

12

dvanásť

дванаццаць

13

trinásť

трынаццаць

14

štrnásť

чатырнаццаць

15

pätnásť

пятнаццаць

16

šestnásť

шаснаццаць

17

sedemnásť

сямнаццаць

18

osemnásť

васямнаццаць

19

devätnásť

дзевятнаццаць

20

dvadsať

дваццаць

100

sto

сто

1.000

tisíc

тысяча

1.000.000

milión

мільён

jazyky

мовы

anglictina

англійская

americká anglictina

англійская (Амерыка)

mandarínska čínština

кітайская мандарынская

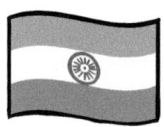

hindčina

хіндзі

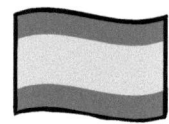

španielčina

іспанская

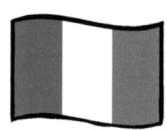

francúzština

французская

arabčina

арабская

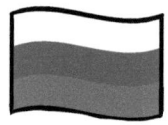

ruština

руская

portugalčina

партугальская

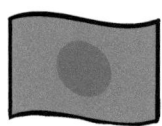

bengálčina

бенгальская

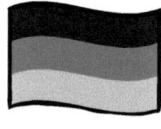

nemčina

нямецкая

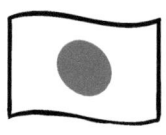

japončina

японская

ja

я

ty

ты

on/ona/ono

ён / яна / яно

my

мы

vy

вы

oni

яны

kto?

хто?

čo?

што?

ako?

як?

kde?

дзе?

kedy?

калі?

meno

імя

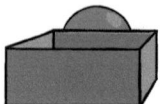

za

за

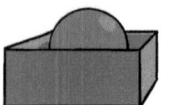

v

у

pred

перад

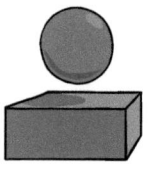

nad

над

na

на

pod

пад

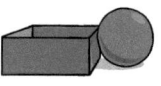

vedľa

каля

medzi

паміж

miesto

месца